ARTICLES
CONTENANT
LES STATUTS ET ORDONNANCES DES MAISTRES JUREZ BRASSEURS DE BIERRE DE LA VILLE DE PARIS.

A PARIS,
De l'Imprimerie de la Veuve de J. F. KNAPEN, ruë de la Huchette, à l'Ange.

M. DCCXL.

ARTICLES

CONTENANT LES STATUTS ET Ordonnances des Maîtres Jurez Braſſeurs de Bierre de la Ville de Paris.

LESDITS Maiſtres & Jurez du Métier des Braſſeurs de Bierre & de Cervoiſe de notre bonne Ville de Paris, ayant reconnu que par le cours de pluſieurs années que les Statuts, Articles & Ordonnances, dreſſés pour leur Métier en ladite Ville, Fauxbourgs & Banlieue de Paris, & autoriſez par le Roy Louis XII. au mois de May de l'année 1514. depuis confirmez de Regne en Regne, même par le feu Roy dernier d'heureuſe mémoire, n'étoient ſuffiſans pour retrancher entierement les fraudes & abus qui ſe commettent en la confection & trafic des Bierres, & en l'exercice dudit Métier très-important au public & particuliers Habitans de ladite Ville; ils ont par le conſeil & avis d'aucuns de nos Officiers, & d'autres notables perſonnes à ce connoiſſans, fait revoir & corriger leſdits anciens Statuts, en y ajoutant ce qu'ils ont jugé néceſſaire pour l'utilité publique; à ce que ſous le bon plaiſir de Sa Majeſté ils ſoient dorénavant entretenus, gardez & obſervez en notredite Ville, Fauxbourgs & Banlieuë de Paris:

Supplient très-humblement Sadite Majesté vouloir conserver & autoriser lesdits Articles & Statuts, dont la teneur ensuit.

Article Premier.

Premierement, qu'aucuns Maistres Brasseurs de Bierre & Cervoise de la Ville, Fauxbourgs & Banlieue de Paris, ne pourront commencer à brasser les jours de Dimanches, Fêtes solemnelles, & Fêtes Nôtre-Dame. Comme aussi ne pourront charrier ni faire charrier esdits jours leurs Bierres, ni autres choses concernant leur Métier, à peine contre chacun des contrevenans de cent livres parisis d'amende applicables moitié aux pauvres enfermez, & l'autre moitié à l'Hôpital de la Trinité.

II.

Item. Que dorénavant aucun ne pourra lever Brasserie ni travailler dudit Métier, ni faire germer aucuns grains en ladite Ville & Fauxbourgs pour faire Bierre & Cervoise, si premierement il n'a été Apprentif sous l'un des Maistres dudit Métier l'espace de cinq ans en ladite Ville & Faubourgs de Paris; & qu'il ait après son apprentissage fini, servi en qualité de Compagnon les Maistres dudit état trois ans entiers, dont il sera tenu apporter Certificat aux Jurez & Gardes, pour icelui vû par eux avec son Brevet d'apprentissage bien & dûëment quittancé, estre pourvû à lui faire faire son Chef-d'œuvre, pour lequel faire il sera tenu accommoder, germer & faire un Brassin de six septiers de grain, ou de plus si plus le veut faire, ce qu'il sera tenu faire en presence des Jurez & Gardes dudit état, du Substitut de Monsieur le Procureur General, & de tel nombre de Bacheliers dudit Métier qu'il sera avisé; & ce fait sera rapporté à Justice, afin que s'il est suffisant il soit reçû, en payant pour son entrée de Maistre soixante sols parisis; à sçavoir moitié au Roy, & l'autre moitié à la Confrerie dudit Métier, & à chacun des Gardes & Jurez cinquante-deux sols parisis pour leurs peines. Et pour le regard des Compagnons ou autres, qui par Lettres de don ou autrement voudroient aspirer à ladite Maîtrise, seront tenus (après avoir été trouvés de bonne vie & mœurs) faire chef-d'œuvre, comme est ci devant dit, attendu que c'est breuvage qui entre au corps humain.

III.

Item. Que les Braſſeurs de Bierre & Cervoiſe ſeront tenus de faire bonne Bierre & Cervoiſe de bons grains, nettement tenus, bien germez & bruſinez, ſans y mettre yvraye, ſarazin ni autres mauvaiſes matieres, ſur peine de quarante livres pariſis d'amende, applicable le tiers au Roy, le tiers à la Confrerie dudit Métier, & l'autre tiers aux Jurez. Et pour cet effet, que les Jurez Braſſeurs verront & viſiteront les houblons, auparavant que ceux qui les ont fait venir, puiſſent les employer, ni les expoſer en vente, pour ſçavoir s'ils ſont moüillez, échauffez, moiſis & gaſtez, parce qu'ils viennent de pays lointain, & que le plus ſouvent ils ne ſont pas bons pour entrer en la confection de la Bierre, afin que s'ils ſont trouvez défectueux, leſdits Jurez en faſſent rapport à Juſtice, pour être jettez à la riviere, ſi faire ſe doit. Et au cas qu'ils ſoient trouvez bons, ils leur payent pour ladite viſite à raiſon de deux ſols ſix deniers pour cent peſant, & ainſi qu'il eſt accoutumé de tous tems.

IV.

Item. Leſdits Jurez Braſſeurs & Bacheliers prendront garde qu'aucunes peſonnes ne colportent, & ne faſſent colporter aucunes leveures de Bierre ou Cervoiſe par la Ville, Fauxbourgs & Banlieuë de Paris, ni même les Maîtres Braſſeurs de ladite Ville & Fauxbourgs de Paris, n'en colporteront ni feront colporter, ni n'en vendront aux colporteurs pour colporter ni revendre, à peine contre chacun deſdits Maîtres de ſoixante livres pariſis d'amende, & de confiſcation deſdites leveures, & contre chacun deſdits colporteurs de pareille amende, applicable le tiers aux Pauvres enfermez, l'autre tiers à l'Hôpital de la Trinité, & l'autre tiers à la Communauté deſdits Braſſeurs. Et feront tenus leſdits Braſſeurs de Bierre de la Ville & Fauxbourgs de Paris, de vendre leurs leveurs de Bierre en leur Braſſerie & maiſon, & non ailleurs; & ce aux Pâticiers & Boulangers qui l'employen en leur ouvrage & non à autre, afin qu'ils en puiſſent être reſponſables en cas qu'elles ſe trouvent défectueuſes.

V.

Item. Lesdits Jurez Brasseurs verront & visiteront les leveures dures faites de Bierre apportées par les Forains & autres, pour sçavoir si elles sont bonnes, & doivent être employées pour entrer au corps humain, ayant souventefois été trouvées gâtées & corrompuës pour être apportées de fort loin. Et à cette fin, seront tenus lesdits Forains ou autres, d'avertir lesdits Jurez incontinent après l'arrivée d'icelles leveures, pour au cas qu'elles fussent trouvées bonnes, être portées par lesdits Forains ou autres à la Halle de Paris, pour y estre venduës & débitées aux Pâticiers & Boulangers qui l'employent & mettent en œuvre, sans souffrir qu'elles soient exposées & mises en vente en aucun autre lieu & place, ni qu'elles soient colportées par ladite Ville & Fauxbourgs de Paris, vendues ni débitées en l'Hôtellerie desdits Forains, à peine de confiscation de ladite leveure, & de cinquante livres parisis d'amende contre lesdits Forains & colporteurs applicable comme dessus; & s'il se trouve que ladite leveure soit défectueuse & corrompuë, en soit fait rapport à Justice par lesdits Jurez, pour être icelle jettée à la riviere, si fait se doit.

V I.

Item. Qu'aucuns Maistres Brasseurs de Bierre de la Ville & Fauxbourgs de Paris, ne pourront dorénavant nourrir, ni tenir dans leurs maisons, esquelles leurs Brasseries sont construites, aucuns bœufs, vaches, porcs, oisons, ni cannes, à cause de l'infection, ordures & puanteur qui se peuvent apporter dans lesdites Brasseries, qui ne peuvent estre tenues trop nettement, à peine contre les contrevenans, de confiscation desdits animaux, & de pareille amende applicable comme dessus.

V I I.

Item. Que chacun Maistre Brasseur de Bierre & Cervoise en cette Ville, Fauxbourgs & Banlieuë de Paris, ne pourra à l'avenir faire qu'un Brassin de Bierre par jour, contenant quinze septiers de farine au plus; Et en cette consideration ne pourront faire construire ni avoir des Brasseries, chaudieres & cuves plus grandes que pour travailler & user lesdits quinze septiers de farine, afin que les grains soient toujours après plus raisonnables, & que chacun desdits Maîtres puisse plus facilement avoir des grains pour travailler, & que le public en soit mieux servi; étant certain que les Brasseries qui sont plus grandes sont sujettes au tems des chaleurs & tonnerres à se gâter, à cause du long-tems que l'on est à les faire & parfaire, & que la Bierre n'en peut être de garde, à peine contre chacun desdits Maîtres contrevenans de confiscation desdits brassins, & de trois cens livres d'amende applicable aux Pauvres de l'Hôpital, comme dessus.

VIII.

Item. Chacun Maître dudit Métier aura une marque pour marquer les caques, barils & autres vaisseaux esques il mettra & livrera les Bierres & Cervoises qu'il vendra, afin que l'on puisse facilement sçavoir & reconnoître à qui seront lesdits caques & vaisseaux, laquelle marque sera frappée en la présence desdits Jurez, après qu'ils auront vû si lesdits vaisseaux seront de bonne jauge, en un plomb qui pour ce sera mis en la Chambre de Monsieur le Procureur du Roy, avec les plombs esquels sont les marques des autres Métiers de cette Ville, & ce fait enregistré ès Registres du Chastelet; & qui fera le contraire, il payera vingt livre parisis d'amende applicable comme dessus.

IX.

Item. Qu'aucun Maître dudit Métier ne pourra prendre ni emporter les caques, futailles, ou autres vaisseaux étant ès maisons de ceux à qui ils vendent & livrent lesdites Bierres & Cervoises, s'ils ne leur appartiennent, ou que ce ne soit du congé & licence de celui ou ceux à qui ils appartiendront, sur peine de quarante huit sols parisis d'amende, applicable comme dessus.

X.

Item. Qu'aucuns revendeurs des Bierres & Cervoises en détail, ne pourront icelles vendre ni étaller si elles ne sont bonnes, loyales, marchandes, & dignes d'entrer au corps humain, sur même peine que dessus. Et à cette fin seront tenus les Jurez d'aller de tems en tems en visitation en leurs maisons, pour en être après par eux fait rapport à Justice, attendu qu'elles peuvent être gâtées & alterées depuis l'achat d'icelles.

X I.

Item. Que nul Maître dudit Métier ne pourra associer ni accompagner avec lui aucun qu'il ne soit aussi Maître dudit Métier, pour tenir Brasserie, & tenir ouvroir en cette Ville & Banlieue de Paris, pour obvier aux abus qui en pourroient avenir, sur peine de cent livres parisis d'amende applicable comme dessus.

XII.

Item. Que nul Maître dudit Métier ne puisse tenir ni avoir qu'un Apprentif, & durant les cinq années le Maître ne puisse transporter sondit Apprentif à un autre, sans le consentement desdits Jurez, & qu'à ce faire il n'y ait cause legitime; & quand se viendra à la cinquiéme & derniere année, le Maître se pourra pourvoir d'un autre Apprentif, lequel il tiendra avec le premier. Et à cette fin seront tenus lesdits Maîtres qui obligeront des Apprentifs, appeller lesdits Jurez pour être presens à voir passer le Brevet d'apprentissage. Et partant seront tenus lesdits Jurez d'avertir les Maîtres qui obligent l'Apprentif de faire registrer ledit Brevet d'apprentissage au Greffe de Monsieur le Procureur du Roy, pour obvier aux abus qui se pourroient commettre, & que de leur part lesdits Jurez tiendront Registres desdits Brevets d'apprentissage; & qui fera le contraire, il l'amendera de huit livres parisis d'amende applicable comme dessus.

XIII.

Item. Que tous fils de Maîtres qui seront trouvez experts & suffisans au fait dudit Métier, pourront lever, si bon leur semble, leur ouvroir & Brasserie, en faisant leur Chef d'œuvre, & payant les droits de Confrerie & autres pour ce dûs & accoutumez, & qu'ils soient rapportez & témoignez suffisans par lesdits Jurez comme dessus est dit, sans pouvoir pour ce être tenus à faire apprentissage, ni servir les Maîtres dudit Métier.

XIV.

Item. Que nul des Maîtres dudit Métier ne puisse mettre en besogne aucuns Compagnons dudit Métier qui se soient départis, & laissé leurs Maîtres durant leur terme, & le tems de leur service échû, outre le gré & volonté d icelui Maître, sur peine de vingt livres parisis d'amende applicable comme dessus, desquels vingt livres parisis ledit Compagnon en payera dix livres parisis, & le Maître qui l'auroit aussi pris & mis en besogne le surplus.

XV.

Item. Qu'après le décès d'un Maître dudit Métier, sa veuve pourra avoir serviteurs, & tenir sa Brasserie durant sa viduité seulement, pourvû qu'elle soit femme de bonne vie & renommée sans aucun reproche, laquelle ne pourra prendre aucun Apprentif durant sa viduité, fors celui qui lui seroit demeuré au trépas dudit défunt son mari.

XVI.

Item Que les Maîtres dudit Métier ne puissent soustraire les Apprentifs ni serviteurs des autres Maîtres d'icelui Métier; & qui sera trouvé faisant le contraire, il payera vingt livres parisis d'amende à appliquer comme dessus.

XVII.

Item. Que pour faire les visitations dessusdites, à ce que lesdits Statuts & Ordonnances soient entretenus & gardez, seront pris & élûs par la Communauté dudit Métier, trois Maîtres d'icelui pour être Jurez & Gardes, les deux desquels se changeront de deux en deux ans au lendemain de la Fête S. Leonard, lesquels Jurez seront élûs à la pluralité des voix à la maniere accoutumée, & feront serment de bien & fidellement garder & entretenir lesdites Ordonnances ; & de rapporter à la Chambre de Monsieur le Procureur du Roy toutes les fautes & malversations qu'ils trouveront contre les Ordonnances, afin qu'il ne se commette aucuns abus au fait desdites Bierres & Cervoises. Sera permis & loisible ausdits Jurez d'aller en visitation, non-seulement dans la Ville de Paris, mais aussi dans la Banlieue & Fauxbourgs d'icelle, tant sur les Maîtres reçûs par Monsieur le Procureur du Roy au Châtelet, qu'autres reçûs par les Juges subalternes ; Enjoignant ausdits Brasseurs souffrir ladite visitation, & défenses aux Juges des lieux de les y troubler, pour être tous les points & articles ci-dessus transcrits, entretenus, gardez & observez, sans enfreindre ni contrevenir au contraire d'iceux, sur les peines comme dessus. Et ne pourront les présens articles en rien déroger, ni préjudicier au droit que le Roy a accoutumé de prendre par chacun an sur chacun Brasseur exerçant le fait de Brasserie qui est de cent sols. *Ainsi signé*, A LE FEBRE, N. MUNGOT, PAUL PUISON, & JEAN LE FEBRE. Et plus bas est écrit :

Registrées, ouy le Procureur General du Roy, pour joüir par lesdits Brasseurs de Bierre de l'effet y contenu : A Paris en Parlement, le seiziéme Mars mil six cent trente. Signé, DUTILLET. *Par Collation.* STORNAT.

Signé, JACQUES.

EXTRAIT DES REGISTRES DES Ordonnances Royaux, registrez en Parlement.

LOUIS par la grace de Dieu Roi de France & de Navarre : A tous présens & à venir, Salut. Nos bien amez les Maîtres Jurez du Métier de Brasseurs de Bierres & Cervoises de notre bonne Ville & Fauxbourgs de Paris, nous ont fait remontrer que le Roy XII. auroit par les Lettres Patentes du mois de Mai 1514. autorisé, approuvé & confirmé, les Statuts & Ordonnances faits en connoissance de cause pour leur Art & Métier, lesquels auroient depuis été confirmez de regne en regne par Lettres Patentes des mois de Mars 1556. Janvier 1567. May 1580. & Septembre 1608. & voulans les prédecesseurs des exposans remedier aux nouveaux desordres qui s'étoient introduits en la confection des Bierres & Cervoises, & en l'exercice dudit Métier, par la mauvaise intention de ceux qui avoient pris avantage de la licence des derniers tems, laquelle avoit prévalu sur la justice desdites Ordonnances, auroient eu recours à de nouveaux remedes, fait revoir les anciens Statuts, & dresser de nouveaux articles & Ordonnances dont l'usage auroit été absolument trouvé necessair pour le bien & l'utilité du public, & pour la santé du corps humain, à laquelle ils se seroient uniquement appliquez, de sorte que ces nouveaux articles ayant été lors renvoyez au Lieutenant Civil & de Police du Châtelet de Paris, & au Substitut de notre Procureur General de notre Cour de Parlement de Paris audit Châtelet, par leur avis, le feu Roy Louis XIII notre très honoré Seigneur & Pere, auroient iceux articles, Statuts & Ordonnances tant anciens que nouveaux approuvé & confirmé par Lettres Patentes du mois de Fevrier 1650. registrées en notredit Parlement de Paris du consentement de notre Procureur General en icelui, le 6 Mars de la même année, lesquelles ont été depuis executées, & sur la contravention faite à icelles par les Boulangers de notredite Ville & Fauxbourgs de Paris, en employant des levûres gâtées & corrompues des Marchands Forains dans leur pain, par Arrest dudit Parlement en forme de Reglement rendu sur ses conclusions de notredit Procureur General en icelui le 28 Mars 1670. il auroit été fait défenses ausdits Boulangers de Paris d'employer d'autres levûres de Bierre dans leur petit pain, que de celle qui se fait dans la Ville, Fauxbourgs & Banlieue de la Prevosté & Vicomté de Paris, fraîche & non corrompue, à peine de cinq cens livres d'amende, en execution duquel Arrest notre Lieutenant de Police audit Châtelet auroit rendu diverses Sentences, & notamment une derniere contradictoire au profit des exposans, demandeurs en saisie & execution du susdit Arrest contre Pierre Haniele Marchand Forain le 8 Janvier 1683. par laquelle la saisie de la levûre faite sur ledit Haniele auroit été déclarée bonne & valable, & ordonné que ladite levûre seroit jettée à l'eau, & les reglemens executez, avec défenses d'y contrevenir sur les peines y portées; & comme le public est interessé dans l'étroite observation des Ordonnances des exposans, & des Arrests & Reglemens intervenus sur icelles, lesdits exposans craignant qu'ils n'y soit à l'avenir donné quelque atteinte nouvelle par le défaut de confirmation desdits Statuts & Ordonnances depuis notre avenement à la Couronne, nous ont très humblement fait supplier leur vouloir accorder nos Lettres sur ce necessaires. A CES CAUSES, voulant favorablement traiter les exposans, & les maintenir & garder dans leurs privileges au bien & avantage du public, de l'avis de notre Conseil, qui a vû lesdits Statuts & Lettres Patentes de confirmation d'iceux & Reglemens susdits ci-attachez sous notre contre scel, de notre grace speciale, pleine puissance & autorité Royale: NOUS avons agréé, confirmé, approuvé & autorisé, agréons, confirmons, approuvons & autorisons par ces Présentes signées de notre main, lesdits Statuts, Ordonnances & Reglemens des exposans, que nous voulons & ordonnons être executez selon leur forme & teneur, pour en jouir par lesdits exposans & leurs successeurs audit Art & Métier à l'avenir pleinement & paisiblement, & tout ainsi qu'ils en ont ci-devant joui & usé, jouissent & usent encore à présent; pourvû qu'il n'y ait rien de contraire à nos droits, & à celui d'autrui. SI DONNONS EN MANDEMENT, à nos amez & feaux Conseillers les Gens tenans nos Cours de Parlement & des Aydes à Paris, au Prevôt dudit lieu, ou ſon Lieutenant General de Police, & à tous autres nos Juſticiers & Officiers qu'il appartiendra, que les Préſentes nos Lettres de confirmation ils faſſent regiſtrer, & de leur contenu & ſuſdit Arreſt de reglement jouir & uſer leſdits expoſans & leurs ſucceſſeurs audit Art & Métier pleinement, paiſiblement & perpetuellement, iceux Statuts & Arreſt de Reglement garder & obſerver ſelon leur forme & teneur, ſur la peine de l'amende de 500 liv. portée par icelui Arreſt contre chaque contrevenant, applicable moitié à l'Hôpital general, & l'autre moitié à la Communauté des Expoſans, à ce faire obéir, contraindre tous ceux qu'il appartiendra & ceſſer tous troubles & empêchemens contraires: CAR tel eſt notre plaiſir. Et afin que ce ſoit choſe ferme & ſtàble à toujours, Nous avons fait mettre notre ſcel à ceſdites Préſentes: DONNE'ES à Verſailles au mois de Septembre l'an de grace mil ſix cent quatre vingt ſix, & de notre Regne le quarante-quatriéme. *Signé*, LOUIS. Et ſur le reply, Par le Roy, COLBERT. Et à côté, *Viſa*, BOUCHERAT. Pour Lettres de Confirmation des Statuts des Braſſeurs de Bierres de Paris. *Cotté*, DUCONO.

Regiſtrées, ouy le Procureur General du Roy, pour jouir par les impetrans, & ceux qui leur ſuccederont audit Métier, de leur effet & contenu, & être mentionnées ſelon leur forme & teneur, ſuivant l'Arreſt de ce jour. A Paris en Parlement le troiſiéme May mil ſix cent quatre-vingt ſept. Signé, JACQUES.

AVIS SUR L'ARREST DE RENVOY.

VEU par Nous Gabriel Nicolas de la Reynie, Conſeiller d'Etat ordinaire, Lieutenant General de Police de la Ville, Prevôté & Vicomté de Paris, & Claude Robert, Conſeiller du Roy en ſon Conſeil, Procureur de Sa Majeſté au Châtelet de Paris, les Lettres Patentes du Roy données à Verſailles au mois de Septembre dernier, ſignées, LOUIS, & ſur le reply, Par le Roy, COLBERT, & ſcellées, obtenues par les Maîtres Jurez du Métier de Braſſeurs de Bierre &

Cervoiſe de la Ville & Fauxbourgs de Paris, par leſquelles Lettres, & pour les cauſes y contenues, Sa Majeſté auroit confirmé, approuvé, autoriſé les Statuts, Ordonnances & Reglemens faits par leſdits Impetrans pour leur Art & Métier, veut & lui plaît qu'ils ſoient executez ſelon leur forme & teneur, pour en jouir par eux & leurs ſucceſſeurs audit Métier à l'avenir pleinement & paiſiblement, & ainſi que plus au long le contiennent leſdites Lettres à la Cour de Parlement adreſſantes, l'Arreſt de ladite Cour de Parlement du vingt-trois Décembre dernier, par lequel ladite Cour avant proceder à l'enregiſtrement deſdites Lettres, a ordonné que leſdites Lettres & Statuts nous ſeroient communiquez, pour ſur icelles donner nos avis, ou dire autrement ce que bon nous ſembleroit. Vû auſſi leſdits Statuts & la Requeſte à nous préſentée par leſdits Maîtres Jurez du Métier de Braſſeur de Bierre & Cervoiſe de la Ville & Fauxbourgs de Paris, aux fins de l'execution dudit Arreſt.

Notre avis eſt, ſous le bon plaiſir de la Cour, que les Lettres Patentes obtenues par les Jurez Braſſeurs, peuvent être enregiſtrées, leſdites Lettres n'étant qu'une ſimple confirmation de leurs Statuts confirmés par autres Lettres Patentes du mois de Janvier mil ſix cent trente, regiſtrées purement & ſimplement en la Cour le ſeize Mars enſuivant. FAIT ce deux Avril mil ſix cent quatre-vingt-ſept, la minute ſignée DE LA REYNIE & ROBERT.

Signé, THIERRY, pour SAGOT.

EXTRAIT DES REGISTRES de Parlement.

VEU par la Cour les Lettres Patentes du Roy, données à Verſailles au mois de Septembre dernier, ſignées LOUIS, ſur le reply, par le Roy, COLBERT, & ſcellées en lacs de ſoye du grand Sceau de cire verte, obtenues par les Maîtres Jurez du Métier de Braſſeurs de Bierre & Cervoiſe de la Ville & Fauxbourgs de Paris, par leſquelles &

pour les causes y contenues, ledit Seigneur Roy auroit agréé confirmé, approuvé & autorisé les Statuts, Ordonnances & Reglemens faits pour ladite Communauté, que ledit Seigneur Roy veut & ordonne être exécutez selon leur forme & teneur, pour en jouir par les Impétrans, & ceux qui leur succederont audit Métier pleinement & paisiblement, & tout ainsi qu'ils en ont ci-devant joui & usé, jouissent & usent encore de present, & ainsi que plus au long le contiennent lesdites Lettres à la Cour adressantes. VEU aussi l'Arrest d'icelle du vingt-troisiéme jour de Décembre dernier, par lequel, avant procéder à l'enregistrement desdites Lettres, auroit été ordonné qu'elles seroient communiquées avec lesdits Statuts au Lieutenant de Police, & au Substitut du Procureur General du Roy au Châtelet, pour donner sur icelles leur avis, ou dire autrement ce que bon leur sembleroit, pour ce fait rapporté & communiqué audit Procureur General du Roy, être ordonné ce que de raison. L'avis donné en évocation dudit Arrest par ledit Lieutenant de Police, & ledit Substitut dudit Procureur General du Roy du deuxiéme Avril dernier, lesdits Statuts & Reglemens, & la Requeste présentée à l'effet de l'enregistrement desdites Lettres; conclusions du Procureur General du Roy: OUY le Rapport de Me François Robert, Conseiller: Et tout consideré; LA COUR a ordonné & ordonne que lesdites Lettres seront enregistrées au Greffe d'icelle, pour jouir par les impetrans & ceux qui leur succederont audit Métier, de l'effet & contenu en icelles, & être exécutées selon leur forme & teneur. Fait en Parlement le troisiéme jour de May, l'an mil six cent quatre-vingt-sept. *Par Collation.* GESSEY.

Signé, JACQUES.

Renouvellé du tems de la Jurande de M. SIMON BENARD, JACQUES VILLOT, & ANDRE' ACLOQUE, Jurez en Charge en mil sept cent vingt-deux.

EXTRAIT DES REGISTRES du Conseil d'Etat.

Du 24 Mars 1714.

SUR la Requeste présentée au Roy en son Conseil par les Jurez, Anciens, Ma[illegible] & Veuves de la Communauté des Brasseurs de la Ville & Fauxbourgs de Paris; contenant que Sa Majesté ayant entr'autres choses creé par Edit du mois de Novembre mil sept cent six, des Offices de Controlleurs pour parapher les Registres des Marchands & Communautez d'Arts & Métiers, & par autre Edit du mois d'Août mil sept cent neuf, deux Maîtres Jurez sous le titre de Gardes & Dépositaires des Archives desdits Corps & Communautez, la Communauté desdits Brasseurs a été employée dans les Rolles arrêtés au Conseil les vingt-cinq Septembre mil sept cent huit & vingt neuf Juillet mil sept cent dix, en exécution desdits Edits & des Déclarations de Sa Majesté des dix huit Octobre mil sept cent sept & sixiéme May de ladite année mil sept cent dix, qui ont ordonné la réunion desdits Offices ausdits Corps & Communautez, à la somme de trente huit mille livres & les deux sols pour livre, pour la réunion desdits Offices de Controlleurs du Paraphe, & dix-huit mille livres & les deux sols pour livre, pour la réunion desdites Offices de Gardes-Archives, avec attribution de gages au denier seize, en vertu desquels Rolles ladite Communauté ayant été poursuivie par Louis le Lievre & Jean-Jacques Clement, chargez de l'exécution desdits Edits & Déclarations, pour le payement desdites sommes, cela a donné lieu ausdits Jurez, Anciens & Maîtres de représenter à Sa Majesté, qu'ils sont dans l'impossibilité de payer lesdites sommes, & de la supplier très-humblement de se contenter pour la réunion desdits Offices à leur Communauté, de la somme de neuf mille livres & les deux sols pour livre, payable en cinq payemens égaux,

égaux, conformément à leur soumission du douze Novembre mil sept cent douze, aux gages actuels & effectifs par chacun an de cinq cens soixante-deux livres dix sols, dont le fonds sera employé dans les Etats des Finances de la Generalité de Paris, à commencer du premier Janvier dernier, pour en jouir conformément à leur soumission, & pour les mettre en état de satisfaire ausdits payemens & aux engagemens qu'ils ont contractés à cause des finances qu'ils ont payées en exécution des precedens Edits, & des sommes qu'ils seront obligés d'emprunter, pour raison de la réunion desdits Offices de Controlleurs du paraphe, & de Gardes-Archives, & soutenir en même tems leur Commerce & Profession, qu'il plût à Sa Majesté ordonner.

1°. Pour assurer le débit des bons houblons, & donner des bornes à la fraude des Marchands de houblons, lesquels n'exposent bien souvent à la visite des Jurez que les bons, pendant qu'ils cachent les mauvais dont ils font un meslange avec les bons dans l'intervalle de la visite à la vente : Que les Marchands de houblons n'en pourront faire entrer à l'avenir aucuns dans Paris, sans avoir fait auparavant aux Jurez de ladite Communauté une déclaration de la quantité qu'ils en ameneront, à peine de confiscation des houblons non déclarés ou non compris dans leur déclaration, au profit de ladite Communauté.

2°. Qu'en exécution de l'Article XI. des Statuts de ladite Communauté, il sera fait deffenses à tous Maîtres Brasseurs & Veuves de Brasseurs de s'associer avec autres qu'avec des Maîtres Brasseurs pour l'exercice de leur Profession, & de prêter leurs noms à des Etrangers directement ni indirectement, à peine de cinq cens livres d'amende contre chaque Maître ou Veuve de Brasseur, & d'interdiction de la Maîtrise, de pareille amende contre chaque Etranger, & de confiscation des ustanciles, houblons & autres matieres servans à la Brasserie, le tout applicable, moitié à ladite Communauté, & l'autre moitié à l'Hôpital General.

3°. Que les Jurez de ladite Communauté faisant leurs Visites, conformément aux Articles X. & XVII. de leurs

Statuts, tant chez les Maîtres Brasseurs & Privilegiez, que chez les Revendeurs de Bierre, tiendront la main & veilleront pour empêcher l'usage des meslaces dans la composition de la Bierre, & seront tenus de saisir les Bierres qui se trouveront défectueuses, dont ils feront rapport devant le Lieutenant General de Police, pour par lui en ordonner ce que de raison, avec deffenses à tous Maîtres Brasseurs & Privilegiez d'employer ces sortes de drogues dans la confection de la Bierre, pour toutes lesquelles Visites chez les Vendeurs de Bierre, sera payé seulement dix sols par an par chacun desdits Vendeurs de Bierre.

4°. Qu'à l'avenir les Aspirans à la Maistrise de Maistre Brasseur, ayant les qualitez requises par les Statuts, payeront mille livres, au lieu de huit cens livres qu'ils avoient accoutumé de payer, suivant l'Arrest du Conseil du vingt-sept Octobre mil six cent quatre-vingt-seize : Que les Apprentifs qui se présenteront à ladite Maistrise, avant le tems de leur Apprentissage fini, ou sans qualité, payeront deux mille livres, au lieu de quinze cens livres : Que les fils de Maistres nez avant la Maistrise de leurs peres, payeront quatre cens livres : Qu'il sera payé pour le droit de brevet cent cinquante livres au lieu de cent livres : Qu'aucun Maistre ne pourra s'établir sans l'avoir déclaré aux Jurez, & qu'il payera pour l'ouverture de Boutique & exercice de la Profession vingt livres, dont moitié sera pour les Jurez, & l'autre moitié pour ladite Communauté : Et qu'après que ladite Communauté aura remboursé entierement tous les principaux & arrerages par elle dûs, tant en exécution desdits Edits que des précedens, le prix des Maistres & Brevets sera réduit comme auparavant l'Edit du mois de Mars mil six cent quatre-vingt-onze.

5°. Que conformément à l'Arrêt du Parlement de Paris du vingt-trois Août mil six cent quarante un, & à la Déclaration de Sa Majesté du trente Juin mil sept cent cinq, renduë en faveur des Tixerans, les Privilegiez ne pourront avoir chez eux aucuns Compagnons ni Apprentifs, mais pourront seulement exercer ladite Profession, eux, leurs femmes & enfans, le tout à peine de trois cens livres d'amende contre chaque contrevenant, & de confiscation des chaudieres & ustanciles, applicables comme dessus.

6°. Que défenses seront faites aux Détailleurs de Bierre de vendre leurs futailles aux Tonneliers, ni autres, attendu que lesdits Maîtres leur vendent seulement la Bierre & non la futaille, à peine de deux cens livres d'amende, tant contre l'Acheteur que contre le Vendeur, au profit de ladite Communauté.

7°. Que les Maîtres Brasseurs de la Ville & Fauxbourgs de Paris, pourront s'établir en quelques Villes & lieux du Royaume que bon leur semblera, sans rien payer dans les Communautez de la même Profession, en representant leurs Lettres de Maîtrise.

8°. Qu'attendu la modicité de l'amende de trois livres contre chacun des Maîtres qui ne se trouvent point aux Assemblées, ceux desdits Maîtres qui ne se rendront pas sans cause & empêchemens légitimes ausdites Assemblées convoquées par les Jurez en la maniere ordinaire, seront tenus de payer chacun la somme de douze livres au profit des présens ausdites Assemblées, & que tout ce qui y aura été déliberé par les présens, sera executé, & vaudra comme si tous les Maîtres de la Communauté y avoient signé, pourvû que les présens soient au nombre de dix : Qu'au surplus les Statuts, Déclarations, Arrêts & Réglemens rendus en consequence en faveur de ladite Communauté, seront executés selon leur forme & teneur. VEU ladite Requête, les Statuts de ladite Communauté, l'Arrêt du Conseil du vingt-sept Octobre mil six cent quatre-vingt seize, la Declaration de Sa Majesté du trente Juin mil sept cent cinq, renduë en faveur de la Communauté des Tixerans, les Edits des mois de Novembre mil sept cent six, & Août mil sept cent neuf ; la soumission faite par lesdits Jurez le douze Novembre mil sept cent douze, tant pour eux que pour les autres Maîtres & les Veuves de ladite Communauté, contenant leurs offres pour la réunion desdits Offices, Gages & Droits y attribuez, aux clauses & conditions y portées ; ensemble l'avis du Sieur d'Argenson, Conseiller d'Etat, Lieutenant General de Poelic, & Commiſſaire nommé par Sa Majeſté par l'Arrêt du Conſeil du trois Juin mil ſept cent dix : OUY le rapport du Sieur Deſmaretz, Conſeiller ordinaire au Conſeil Royal, Controlleur General des Finances ; SA MAJESTE' EN SON CONSEIL, a ordonné & ordonne que les Edits deſdits mois de Novembre mil ſept cent ſix, & Août mil ſept cent neuf, & les Déclarations de Sa Majeſté des dix-huit Octobre mil ſept cent ſept, & ſix May mil ſept cent dix, enſemble les Statuts de ladite Communauté, & les Edits, Déclarations, Arrêts & Réglemens rendus en conſéquence, ſeront executés ſelon leur forme & teneur ; & qu'en payant par les Jurez, Anciens, Maîtres & Veuves de ladite Communauté des Braſſeurs, à Maîtres Louis le Lievre, & Jean-Jacques Clement, chargez du Recouvrement de la Finance qui doit provenir de l'exécution deſdits Edits, la ſomme de neuf mille livres de Finance principale, & celle de neuf cens livres pour les deux ſols pour livre, conformément à leur ſoumiſſion ; ſçavoir, le principal ſur les Recepiſſez deſdits le Lievre & Clement, leurs Procureurs & Commis, portant promeſſe de fournir la Quittance du Tréſorier des Revenus Caſuels, & les deux ſols pour livre, ſur les ſimples Quittances deſdits le Lievre & Clement, de laquelle ſomme de neuf mille livres & deux ſols pour livre, il en ſera payé le tiers audit le Lievre, & les deux autres tiers audit Clement, l'Office de Controlleur pour le Paraphe des Regiſtres, & ceux de Garde des Archives de ladite Communauté, enſemble les fonctions & Droits y attribuez, demeureront réunis, & appartiendront à ladite Communauté, aux gages actuels & effectifs de cinq cens ſoixante-deux livres dix ſols par chacun an, dont le fonds ſera fait dans les Etats des Finances de la Generalité de Paris, à commencer du premier Janvier dernier, pour en joüir conformément à la ſoumiſſion deſdits Jurez, du douze Novembre mil ſept cent douze. Permet Sa Majeſté à ladite Communauté, d'emprunter juſqu'à concurrence de ladite ſomme de neuf mille livres, & les deux ſols pour livre, & de faire à cet effet les déclarations néceſſaires, dont ſera fait mention dans la Quittance de Finance, pour ſureté de ceux dont ladite Communauté aura fait ledit emprunt : Ordonne Sa Majeſté que pour prévenir les fraudes qui ſe pourroient commettre par les Marchands Forains de houblons arrivans à Paris, & les empêcher de soustraire de mauvais houblons aux Visites des Jurez, ou de les falsifier, lesdits Marchands Forains n'en pourront faire entrer à l'avenir aucuns dans la Ville & Fauxbourgs de Paris, sans une déclaration exacte desdits houblons, laquelle déclaration ils seront tenus de faire aux Jurez de ladite Communauté, à peine de confiscation des houblons non déclarés & non compris dans leur déclaration, au profit de la Communauté. Fait Sa Majesté défenses à tous Maîtres Brasseurs & Veuves de Brasseurs, de s'associer avec autres qu'avec des Maîtres Brasseurs, pour l'exercice de leur Profession, & de prêter leurs noms à des Etrangers, directement ni indirectement, à peine de cinq cens livres d'amende contre chaque Maître & Veuve de Brasseur, d'interdiction de la Maîtrise, de pareille amende contre chacun Etranger, & de confiscation des ustanciles, houblons & autres matieres servans à la Brasserie, le tout applicable, moitié à ladite Communauté, & l'autre moitié à l'Hôpital General de ladite Ville de Paris. Feront les Jurez de ladite Communauté, outre les quatre Visites ordinaires & accoutumées, leurs Visites aussi souvent qu'ils le jugeront nécessaire, tant chez les Maîtres Brasseurs, que chez les Privilegiez & Détailleurs de Bierre, pour empêcher les fraudes qui pourroient se commettre dans l'exercice de ladite Profession, & notamment pour arrêter l'usage des mélaces dans la confection de la Bierre. Leur permet Sa Majesté de saisir celle qui se trouvera défectueuse, pour en être fait rapport à Justice, & être ordonné ce que de raison. Veut Sa Majesté que tous les Vendeurs de Bierre qui ne sont pas en Communauté, payent chacun dix sols par an, pour toutes les Visites qui seront faites chez eux, au nombre de quatre par an. Veut aussi Sa Majesté, qu'à l'avenir les Aspirans à la Maîtrise de Brasseur, ayant les qualitez requises par les Statuts, payent chacun mille livres, au lieu de huit cens livres qu'ils ont accoutumé de payer, les Apprentifs qui se présenteront à ladite Maîtrise avant le tems de leur Apprentissage fini, ou ceux qui se présenteront sans qualité, deux mille livres, au lieu de quinze cens livres, les Fils de ceux qui seront reçus Maîtres dans la suite, & qui seront nés avant la Maîtrise de leur pere, quatre cens livres: Qu'il soit payé à ladite Communauté, pour le Droit de Brevet, cent cinquante livres au lieu de cent livres ; & pour l'ouverture de Boutique ou l'exercice de la Profeſſion, vingt livres, dont moitié appartiendra aux Jurez, & l'autre moitié à ladite Communauté, ſans qu'aucun puiſſe s'établir avant que de l'avoir déclaré auſdits Jurez. Veut en outre Sa Majeſté, qu'après que ladite Communauté aura entierement rembourſé tous les principaux & arrerages par elle dûs, tant en execution deſdits Edits, que des precedens, le prix des Maîtres & Brevets ſoit réduit comme auparavant l'Edit du mois de Mars mil ſix cent quatre-vingt-onze : Fait Sa Majeſté défenſes aux Privilegiez Braſſeurs de Bierre, d'avoir chez eux aucun Compagnon ni Apprentif, conformément à l'Arrêt du Parlement de Paris du vingt-trois Août mil ſix cent quarante-un, & à la Déclaration du trente Juin mil ſept cent cinq, renduë en faveur des Tixerans, le tout à peine de trois cens livres d'amende contre chaque contrevenant, applicable comme deſſus. Fait Sa Majeſté défenſes aux Détailleurs de Bierre, de vendre aux Tonneliers ni à d'autres, les futailles que les Braſſeurs leur ont prêtées, leur enjoignant de les rendre auſdits Braſſeurs, ſans en pouvoir diſpoſer ni les retenir après qu'elles ſe trouveront vuides, à peine de deux cens livres d'amende, tant contre l'Acheteur que contre le Vendeur. Veut Sa Majeſté que les Maîtres Braſſeurs de ladite Ville & Fauxbourgs de Paris, puiſſent s'établir en quelques lieux & Villes du Royaume que bon leur ſemblera, ſans rien payer dans les Communautez de la même Profeſſion, en repreſentant leurs Lettres de Maîtriſe : Ordonne que ceux des Jurez, Anciens & Maîtres, qui ſans avoir aucun empêchement légitime, ne ſe rendront pas aux Aſſemblées de ladite Communauté, convoquées en la maniere ordinaire, ſeront tenus de payer chacun la ſomme de douze livres au profit des préſens, & que tout ce qui aura été déliberé par les préſens, vaudra comme ſi tous les Maîtres de ladite Communauté l'avoient ſigné, pourvû que les préſens ſoient au nombre de dix. Enjoint Sa Majeſté audit Sieur d'Argenſon de tenir la main à l'execution du préſent Arrêt, qui ſera lû, publié & affiché par tout où beſoin ſera, & pour l'execution duquel toutes Lettres néceſſaires ſeront expediées. FAIT au Conſeil d'Etat du Roy, tenu à Verſailles le vingt-quatriéme Mars mil ſept cent quatorze. Collationné.

Signé, COUJON, avec paraphe.

PATENTES
SUR
ARREST,

PORTANT union d'Offices à la Communauté des Brasseurs de Paris.

Du vingt-neuf May 1714

OUIS PAR LA GRACE DE DIEU Roy de France & de Navarre : A nos amez & feaux Conseillers, les Gens tenans notre Cour de Parlement à Paris, salut. Nos bien-amez les Jurez, Anciens, Maîtres & Veuves de la Communauté des Brasseurs de notre bonne Ville de Paris, Nous ont très-humblement fait remontrer qu'ayant été employés dans les Rolles arrêtés en notre Conseil les vingt-cinq Septembre mil sept cent huit, & vingt-neuf Juillet mil sept cent dix, pour la somme de trente-huit mille livres, & les deux sols pour livre, à cause des réunions à leurs Corps, tant de l'Office de Controlleur pour le paraphe des Registres, créé par notre Edit du mois de Novembre mil sept cent six, que des deux Offices de Gardes & Dépositaires des Archives de ladite Communauté, créez par autre notre Edit du mois d'Août mil sept cent neuf, ordonnés être ainsi réunis par nos Déclarations des dix-huit Octobre mil sept cent sept, & sixieme May mil sept cent dix, au payement de laquelle somme, leur etant impossible de pouvoir satisfaire, nous ayant ci devant payé plusieurs finances en execution de précedens Edits, qui les ont engagé dans de grosses dettes, ils nous auroient très-humblement fait supplier de vouloir moderer cette somme à celle de neuf mille livres, & les deux sols pour livre, pour joüir de cinq cens soixante-deux livres dix sols de gages actuels & effectifs par chacun an, & des droits & fonctions attribués ausdits Offices: comme aussi de leur accorder la permission d'emprunter cette somme; & qu'en considération desdites réunions, il nous plût encore leur octroyer quelques Réglemens pour le soûtien de leur Communauté, & l'établissement du bon ordre en icelle, ainsi qu'ils sont expliqués dans leur Requête: A quoi ayant eu égard & au contenu en leurdite Requête, & voulant les mettre plus en état de satisfaire aux engagemens qu'ils ont contractés, & soutenir en même tems leur Commerce & Profession suivant leurs Statuts, & empêcher les fraudes & abus qui se pourroient commettre à l'avenir, tant dans la fabrication & reventes des Bierres, que dans les matieres dont elles doivent être composées, Nous aurions par Arrêt de notre Conseil du vingt quatre Mars dernier, entr'autres choses, ordonné que nosdits Edits & Déclarations, ensemble les Statuts de ladite Communauté, & les Edits, Déclarations, Arrêts & Réglemens rendus en conséquence, seroient executés selon leur forme & teneur, & qu'en payant par les Exposans la somme de neuf mille livres, & les deux sols pour livre, à Maîtres Louis le Lievre & Jean Jacques Clement, chargés de l'execution de nosdits Edits & Déclarations; sçavoir, le tiers audit le Lievre, & les deux autres tiers audit Clement, lesdits Offices demeureroient réunis à ladite Communauté, aux gages de cinq cens soixante-deux livres dix sols par chacun an, avec permission à ladite Communauté d'emprunter lesdits neuf mille neuf cens livres, aux conditions portées par ledit Arrêt, pour l'execution duquel, & des Réglemens y mentionnés en faveur de ladite Communauté, Nous aurions aussi ordonné que toutes Lettres nécessaires seroient expediées, lesquelles les Exposans nous ont très-humblement

ment fait supplier de leur vouloir accorder. A CES CAUSES, & autres à ce Nous mouvans, de notre certaine science, pleine puissance & autorité Royale, Nous conformément audit Arrêt du vingt quatre Mars de la présente année mil sept cent quatorze, dont l'Extrait est ci-attaché sous le contre-scel de notre Chancellerie, avons ordonné, & par ces Présentes signées de notre main, Ordonnons que les Edits desdits mois de Novembre mil sept cent neuf, & nos Déclarations des dix-huit Octobre mil sept cent sept, & six May mil sept cent dix, ensemble les Statuts de ladite Communauté, & les Edits, Déclarations, Arrêts & Réglemens rendus en conséquence, seront executés selon leur forme & teneur, & qu'en payant par les Jurez, Anciens, Maîtres & Veuves de ladite Communauté des Brasseurs, à Maîtres Louis le Lievre & Jean-Jacques Clement, chargés du Recouvrement de la Finance qui doit provenir de l'execution desdits Edits, la somme de neuf mille livres de finance principale, & celle de neuf cens livres pour les deux sols pour livre, conformément à leur soumission; sçavoir, le principal sur les Recepissez desdits le Lievre & Clement, leurs Procureurs & Commis, portant promesse de fournir la Quittance du Trésorier des Revenus Casuels, & les deux sols pour livre, sur les simples Quittances desdits le Lievre & Clement, de laquelle somme de neuf mille livres, & des deux sols pour livre, il en sera payé le tiers audit le Lievre, & les deux autres tiers audit Clement, l'Office de Controlleur pour le paraphe des Registres, & ceux de Gardes des Archives de ladite Communauté, ensemble les fonctions & Droits y attribués, demeureront réunis, & appartiendront à ladite Communauté, aux gages actuels & effectifs de cinq cens soixante-deux livres dix sols par chacun an, dont le fonds sera fait dans les Etats des Finances de la Generalité de Paris, à commencer du premier Janvier dernier, pour en jouir conformément à la soumission desdits Jurez, du 12. Nov. 1712. Permettons à ladite Communauté d'emprunter jusqu'à concurrence de ladite somme de 9000 liv. & les deux sols pour livre, & de faire à cet effet les déclarations necessaires, dont sera fait mention dans la Quittance de Finance, pour sûreté de ceux dont ladite Communauté aura fait ledit emprunt. Ordonnons que pour prévenir les fraudes qui se pourroient commettre par les Marchands Forains de houblons arrivans à Paris, & les empêcher de soustraire de mauvais houblons aux Visites des Jurez, ou de les falsifier, lesdits Marchands Forains n'en pourront faire entrer à l'avenir aucuns dans la Ville & Fauxbourgs de Paris, sans une déclaration exacte desdits houblons, laquelle déclaration ils seront tenus de faire aux Jurez de ladite Communauté, à peine de confiscation des houblons non déclarez & non compris dans leur déclaration, au profit de la Communauté. Faisons défenses à tous Maîtres Brasseurs & Veuves de Brasseurs, de s'associer avec autres qu'avec des Maîtres Brasseurs, pour l'exercice de leur Profession, & de prêter leurs noms à des Etrangers, directement ni indirectement, à peine de cinq cens livres d'amende contre chaque Maître & Veuve de Brasseur, d'interdiction de la Maîtrise, de pareille amende contre chacun Etranger, & de confiscation des ustanciles, houblons & autres matieres servans à la Brasserie, le tout applicable, moitié à ladite Communauté, & l'autre moitié à l'Hôpital general de ladite Ville de Paris. Feront les Jurez de ladite Communauté, outre les quatre Visites ordinaires & accoutumées, leurs Visites aussi souvent qu'ils le jugeront necessaire, tant chez les Maîtres Brasseurs, que chez les Privilegiez & Détailleurs de Bierre, pour empêcher les fraudes qui pourroient se commettre dans l'exercice de ladite Profession : Et notamment pour arrêter l'usage des mêlaces dans la confection de la Bierre ; leur permettons de saisir celle qui se trouvera défectueuse, pour en être fait rapport à Justice & être ordonné ce que de raison. Voulons que tous les Vendeurs de Bierre qui ne sont pas en Communauté, payent chacun dix sols par an pour toutes les Visites qui seront faites chez eux, au nombre de quatre par an. Voulons aussi qu'à l'avenir les Aspirans à la Maîtrise de Brasseur, ayant les qualitez requises par les Statuts, payent chacun mille livres, au lieu de huit cens livres qu'ils ont accoutumé de payer ; les Apprentifs qui se présenteront à ladite Maîtrise avant le tems de leur Apprentissage fini, ou ceux qui se présenteront sans qualité, deux mille livres, au lieu de quinze cens livres ; les Fils de ceux qui seront reçûs Maîtres dans la suite, & qui seront nez avant la Maîtrise de leur pere, quatre cens livres : Qu'il ſoit payé à ladite Communauté, pour le droit de Brevet; cent cinquante livres, au lieu de cent livres, & pour l'ouverture de Boutique & l'exercice de la Profeſſion vingt livres, dont moitié appartiendra aux Jurez, & l'autre moitié à ladite Communauté, ſans qu'aucun puiſſe s'établir avant que de l'avoir déclaré auſdits Jurez. Voulons en outre qu'après que ladite Communauté aura entierement rembourſé tous les principaux & arrerages par elle dûs, tant en execution deſdits Edits que des précedens, le prix des Maîtres & Brevets ſera réduit comme auparavant l'Edit du mois de Mars mil ſix cent quatre-vingt-onze. Faiſons défenſes aux Privilegiez Braſſeurs de Bierre, d'avoir chez eux aucun Compagnon ni Apprentif, conformément à l'Arreſt du Parlement de Paris du vingt-trois Aouſt mil ſix cent quarante-un, & à la Déclaration du trente Juin mil ſept cent cinq, renduë en faveur des Tixerans, le tout à peine de trois cens livres d'amende contre chaque contrevenant, applicable comme deſſus. Faiſons défenſes aux Détailleurs de Bierre, de vendre aux Tonneliers ni à autres, les futailles que les Braſſeurs leur ont prêtées, leur enjoignant de les rendre auſdits Braſſeurs, ſans en pouvoir diſpoſer ni les retenir après qu'elles ſe trouveront vuides, à peine de deux cens livres d'amende, tant contre l'Acheteur que contre le Vendeur. Voulons que les Maîtres Braſſeurs de ladite Ville & Fauxbourgs de Paris, puiſſent s'établir en quelques lieux & Villes du Royaume que bon leur ſemblera, ſans rien payer dans les Communautez de la même Profeſſion, en repréſentant leurs Lettres de Maîtriſe. Ordonnons que ceux des Jurez, Anciens & Maîtres, qui ſans avoir aucun empêchement legitime, ne ſe rendront pas aux Aſſemblées de ladite Communauté, convoquées en la maniere ordinaire, ſeront tenus de payer chacun la ſomme de douze livres au profit des préſens, & que tout ce qui aura été déliberé par les préſens, vaudra comme ſi tous les Maîtres de ladite Communaté l'avoient ſigné, pourvû que les préſens ſoient au nombre de dix. Enjoignons au Sieur d'Argenſon, Conſeiller d'Etat, Lieutenant General de Police de la Ville de Paris, & Commiſſaire par Nous nommé par l'Arreſt de notre Conſeil du trois Juin mil ſept cent dix, de tenir la main à l'execution dudit Arreſt & des Préſentes, qui ſeront lûes, pabliées & affichées par tout où besoin sera. SI VOUS MANDONS que ces Presentes vous ayez à faire enregistrer, & du contenu en icelles, ensemble audit Arrest, jouir & user selon leur forme & teneur, les Exposans pleinement & paisiblement, sans y apporter aucune difficulté, cessant & faisant cesser tous troubles & empêchemens contraires; CAR tel est notre plaisir. DONNE' à Versailles le vingt neuviéme jour de May, l'an de grace mil sept cent quatorze, & de notre notre Regne le soixante-douziéme. Signé, LOUIS; *Et plus bas*, Par le Roy, PHELYPEAUX.

Registrées, ouy le Procureur General du Roi, pour jouir par lesdits Impetrans de leur effet & contenu, & être executées selon leur forme & teneur, suivant l'Arrest de ce jour. A Paris en Parlement le dix huit Juin mil sept cent quinze.

Signé, GUYHOU.

EXTRAIT DES REGISTRES du Parlement.

VEU par la Cour les Lettres Patentes du Roy, données à Verſailles le vingt neuf May mil ſept cent quatorze, ſignées LOUIS, & plus bas, Par le Roy, PHELYPEAUX, & ſcellées du grand Sceau de cire jaune, obtenues par les Jurez, Anciens, Maiſtres & Veuves de la Communauté des Braſſeurs de cette Ville & Fauxbourgs de Paris, par leſquelles, pour les cauſes y contenues, ledit Seigneur a ordonné que les Edits des mois de Novembre mil ſept cent neuf, Déclarations des dix-huit Octobre mil ſept cent ſept, & ſix May mil ſept cent dix, Statuts de ladite Communauté & les Edits, Déclarations, Arreſts & Reglemens rendus en conſéquence, ſeront executés ſelon leur forme & teneur, & réunis à ladite Communauté l'Office de Controlleur pour le paraphe des Regiſtres, & ceux de Gardes des Archives, & les fonctions & droits y attribués. Ordonne en outre que pour prévenir les fraudes & abus qui ſe pourroient commettre par les Marchands Forains de houblons arrivant à Paris, & les empêcher de ſouſtraire de mauvais houblons aux viſites des Jurez & de les falſifier, ils n'en pourront faire entrer à l'avenir aucuns dans la Ville & Fauxbourgs de Paris, ſans une déclaration exacte deſdits houblons, laquelle ils ſeront tenus de faire aux Jurez de ladite Communauté, à peine de confiſcation des houblons non déclarés : Que les Jurez de ladite Communauté feront, outre les quatre viſites ordinaires & accoutumées, leurs viſites auſſi ſouvent qu'ils le jugeront néceſſaire, tant chez les Maiſtres Braſſeurs, que chez les Privilegiez & Détailleurs de Bierre, pour empêcher les fraudes qui pourroient ſe commettre dans l'exercice de ladite Profeſſion. Veut auſſi ledit Seigneur qu'à l'avenir les Aſpirans à la Maiſtriſe de Braſſeur, ayant les qualitez requiſes par les Statuts, payent chacun mille livres, au lieu de huit cens livres qu'ils ont accoutumé de payer ; les Apprentifs qui se présenteront à ladite Maistrise avant le tems de leur Apprentissage fini, ou ceux qui se présenteront sans qualité, deux mille livres, au lieu de quinze cens livres ; les Fils de ceux qui seront reçûs Maistres dans la suite & qui seront nés avant la Maistrise de leur pere, quatre cens livres : Qu'il soit payé à ladite Communauté pour le droit de Brevet cent cinquante livres, au lieu de cent livres, & pour l'ouverture de Boutique & l'exercice de la Profession, vingt livres, dont moitié appartiendra aux Jurez, & l'autre moitié à ladite Communauté, & ainsi que plus au long le contiennent lesdites Lettres à la Cour adressantes. Requeste présentée par lesdits Impétrans afin d'enregistrement d'icelles. Conclusions du Procureur Géneral du Roy. Oüi le Rapport de Me Guillaume Menguy, Conseiller ; & tout considéré : LA COUR ordonne que lesdites Lettres seront enregistrées au Greffe d'icelle, pour jouir par lesdits impétrans de leur effet & contenu, & être exécutées selon leur forme & teneur. Fait en Parlement le dix-huit Juin mil sept cent quinze. Collationné. Signé CHAPOTIN.

GUYHOU.

www.ingramcontent.com/pod-product-compliance
Ingram Content Group UK Ltd.
Pitfield, Milton Keynes, MK11 3LW, UK
UKHW020520180726
13839UKWH00005B/2208

9 782329 599878